NOTICE

SUR

TH.-N.-M. MONBINNE

ANCIEN CAISSIER D'AGENT DE CHANGE

JUILLET 1876

PARIS
IMPRIMERIE CENTRALE DES CHEMINS DE FER
A. CHAIX ET Cie
RUE BERGÈRE, 20, PRÈS DU BOULEVARD MONTMARTRE
1876

NOTICE

SUR

TH.-N.-M. MONBINNE

ANCIEN CAISSIER D'AGENT DE CHANGE

JUILLET 1876

PARIS
IMPRIMERIE CENTRALE DES CHEMINS DE FER
A. CHAIX ET Cie
RUE BERGÈRE, 20, PRÈS DU BOULEVARD MONTMARTRE
1876

NOTICE

SUR

TH.-N.-M. MONBINNE

ANCIEN CAISSIER D'AGENT DE CHANGE

MESSIEURS (1),

Je vous ai réunis aujourd'hui autour de la tombe de M. Monbinne pour vous associer au témoignage de respect et de reconnaissance que je tenais à offrir à sa mémoire en notre nom à tous. Bien que la carrière de notre ami ait été des plus simples et des plus unies, je ne crois pas pouvoir en faire un plus bel éloge que de vous la retracer rapidement : elle mérite de rester pour tous un exemple, un encouragement et un enseignement précieux.

THÉODORE-NICOLAS-MARIE MONBINNE est né en 1803, rue du Mont-Blanc, n° 43, où son père et sa mère tenaient un modeste magasin de chapellerie. Il n'avait que sept ou huit ans quand il eut le malheur de perdre son père. Il lui restait la plus tendre et la plus dévouée des mères, et

---

(1) La présente Notice a été lue par l'auteur lors de l'inauguration et de la bénédiction d'un médaillon commémoratif qu'il avait fait placer sur la tombe de M. Monbinne, au cimetière Montmartre.

Cette cérémonie a eu lieu le 25 juillet 1876, au milieu d'un grand concours d'amis et de collaborateurs du défunt, et en présence de M. le vicomte Delaborde, secrétaire perpétuel de l'Académie des beaux-arts.

un frère, son aîné de six ans. Les ressources étant des plus médiocres et insuffisantes pour élever les deux orphelins, d'honorables et dévoués protecteurs intervinrent, et Mme Monbinne, dont l'éducation et l'instruction étaient très au-dessus de sa condition, put s'établir dans une grande famille étrangère, comme dame de compagnie, auprès de Mme la comtesse de B... Elle y resta quarante ans, respectée et honorée pour la sûreté de son commerce, pour la distinction de son esprit, mais surtout pour la fidélité de son dévouement, dont son fils Théodore devait reprendre la tradition à notre égard. L'influence de cette société aristocratique et très-éclairée développa chez le jeune Monbinne des goûts et des tendances artistiques qui ne se conciliaient guère avec les exigences de sa situation; elle imposait aux deux frères le devoir de travailler le plus tôt possible fructueusement. Aussi bien, l'aîné réussissait à entrer dans l'administration, et son frère Théodore était placé chez M. David, négociant, comme petit commis expéditionnaire.

La transition fut rude : de quoi rêve-t-on à quinze ans quand on a de l'imagination et de l'enthousiasme? De poésie, de musique, d'amour souvent, d'harmonie, de tout ce qui est éthéré et immatériel. Il adorait pardessus tout la poésie et la musique. Rien ne rappelait moins tout cela que sa nouvelle carrière. Mais il savait bien où était son devoir, et comme il ne voulait pas être à charge ni à sa mère ni à personne, il acccepta résolûment l'existence laborieuse et prosaïque qui s'offrait à lui, refoulant et réservant pour l'avenir, comme une ressource précieuse, ses goûts et ses dispositions artistiques.

En 1824, à vingt-un ans, il quitte M. David pour entrer dans les bureaux de M. Laurent Delaville Le Roulx, qui fut syndic de la Compagnie des agents de change de

Paris, après avoir été secrétaire général du ministère de l'intérieur. Les affaires d'alors, quoique très-importantes, étaient loin d'avoir leur diversité et leur développement actuels ; trois ou quatre commis suffisaient à tout le travail d'un bureau. Ils ne se cantonnaient pas dans une spécialité, mais en les abordant toutes à la fois, ils se fortifiaient rapidement et tout s'en trouvait bien, la besogne et leur propre situation.

L'autre jour, à l'Académie française, un homme d'un grand savoir et de beaucoup d'esprit, M. Jules Simon, faisait dans son discours de réception, à propos de M. de Rémusat, l'éloge de la jeunesse de la Restauration. Il la trouvait ardente, généreuse, libérale et toujours sincère, même dans ses écarts. Les travaux les plus sérieux l'attiraient et l'absorbaient sans lui rien faire perdre de cette grâce et de cette légèreté françaises au déclin desquelles je crains que nous n'assistions. On savait faire tour à tour de la philosophie, de la politique transcendante et des chansons. Monbinne aussi, doué d'une nature d'élite et de cet heureux tempérament, savait aligner merveilleusement ses chiffres et rimer des couplets. Plus tard, et naguère encore, dans les quelques réunions que la mort successive des anciens et des meilleurs d'entre nous a fait cesser, n'avons-nous pas tous applaudi, et moi surtout, qui en étais quelquefois le sujet, ces couplets pleins de bonne humeur et de verve gauloise qu'il chantait si bien et avec tant de cœur? On se piquait au jeu, et souvent des couplets inédits ripostaient aux couplets. Plus de refrains, hélas! et depuis que ces chers et gais compagnons ont disparu, nous sommes affreusement moroses et taciturnes. C'est qu'ils étaient parmi nous les derniers représentants d'une génération réellement mieux douée que la nôtre, qui ne se laissait pas entièrement absorber par le soin ou le culte des affaires sérieuses, et qui, tout en sachant très-bien les traiter, gardait encore un fond inaltérable d'entrain, de politesse, de philosophie aimable, dont elle a emporté le secret.

En 1826, M. Laurent Delaville Le Roulx cédait sa charge à son neveu M. Joseph Delaville Le Roulx, ancien élève de l'École polytechnique et beau-frère par sa femme de M. F. Moreau, également agent de change. Je ne veux faire ici ni l'histoire ni l'éloge de ces deux branches collatérales d'une même famille, qui, jusqu'à ce jour, depuis bientôt trois quarts de siècle, a fourni tant de membres éminents à la finance, au commerce, à l'industrie, à l'administration, à la magistrature consulaire. Mais je puis bien affirmer que Monbinne était tout à fait digne de ce milieu sévère, laborieux, intègre par-dessus tout. Homme de devoir et d'exactitude, il était, à tous égards, le précieux collaborateur de son nouveau patron, qui en était la vivante incarnation.

Aux grandes affaires de la Restauration avait succédé, sous Louis-Philippe, une ère beaucoup plus calme, entre deux tempêtes, celle de 1830 qui finit bien, celle de 1848 qui finit moins heureusement, après avoir duré plus longuement et mis tout en grand péril.

Dans cet intervalle, Monbinne fixait, en les perfectionnant, ses diverses aptitudes. En rapports journaliers avec une clientèle très-choisie, il se faisait apprécier et aimer par l'empressement de son accueil, par l'amabilité de son langage, la prudence de ses conseils, et, ce que nous devons surtout nous rappeler, par une politesse et une patience à toute épreuve. Dieu sait pourtant si ces épreuves manquent dans notre profession ! Vous souvient-il de certains clients ignorants des affaires, bourrus, soupçonneux, toujours prêts à se croire dupés, sans mesure, dans leur langage, fâcheux au possible et absolument fantaisistes dans leurs calculs? S'il est quelquefois bon qu'un grillage prévoyant sépare le caissier de tels interlocuteurs, on peut dire qu'avec Monbinne la précaution fut toujours superflue. Jamais, on peut l'affirmer, sa politesse et sa bonne humeur n'ont fléchi en pareil cas. Je me reprocherais, en vous traçant cette esquisse du caissier modèle, de ne pas rappeler qu'il était toujours le premier arrivé au bureau et le dernier parti, qu'il ne sut jamais ce que c'est que de prendre des vacances, et qu'il était doué d'une sobriété d'anachorète. Assurément il était d'un autre temps..... Mais aussi ses grands clients étaient ses amis: L'illustre amiral B..... lui tendait la seule main qui lui restât; le vieux baron d'Oerth..., ce fin et richissime diplomate, le récompensait d'un cornet de tabac à priser quand il venait toucher ses rentes (c'était deux jours d'éternument pour le bureau); le colonel B..., le grand chirurgien V..., le traitaient avec la plus confiante familiarité; sir David S..., qui fut depuis lord-maire à Londres, se montrait toujours empressé et déférent à son endroit, et tous les financiers d'alors, devenus de grandes puissances, savaient son nom et s'informaient amicalement de lui. Vous le voyez, Messieurs, le fils du chapelier de la rue du Mont-Blanc n'avait pas perdu son temps et n'était déjà plus le premier venu. Il réalisait, à l'âge de trente-cinq ans, le type de ce que les Anglais appellent un « self made man. »

On le recherchait beaucoup aussi dans quelques salons très-distingués de Paris, dont je ne puis encore révéler les noms, où la littérature et les beaux-arts étaient passionnément accueillis. Quelle belle époque et quelle série de noms illustres. en tout genre! Il suffit de nommer Hugo, Lamartine, Musset, Béranger, Scribe, Boïeldieu,

Auber, Mendelssohn, Meyerbeer, Chopin, Nourrit, Duprez, Lablache, Rubini, Mars, Volnys, Damoreau, Falcon, Grisi, Malibran, Taglioni, et tant d'autres du Théâtre-Français, de l'Opéra, de l'Opéra-Comique et du Théâtre-Italien! Dans ces salons d'élite, on se reposait délicieusement de la politique et des affaires; la littérature, la poésie et la musique y étaient avidement accueillis et cultivés. Combien en compte-t-on de nos jours de ces maisons hospitalières, de ces refuges de la politesse et de l'esprit français? Aussi quelle faveur d'avoir connu et pratiqué cette heureuse époque, qui a laissé son aimable empreinte sur tous ses contemporains et depuis laquelle nous ne savons plus au juste où nous sommes, où nous allons!

Donc, on appréciait Monbinne, parce qu'il causait avec goût, parce qu'il faisait bien les vers et les récitait mieux encore, parce qu'il chantait et jouait la comédie très-agréablement.

C'était, si j'en juge par le portrait qui servit de modèle pour ce médaillon de bronze, un cavalier élégant, doué d'une physionomie bienveillante et fine. Sa chevelure abondante et noire avait un certain désordre romantique, une certaine allure un peu surannée qu'elle a gardée jusqu'à la fin et qui révélait plutôt l'artiste que l'homme de chiffres et de bureau. J'ajoute que si l'on rapproche ce portrait de la réalité d'il y a quelques mois, on peut dire que Monbinne est bien resté lui-même toute sa vie, et que tel il était à trente ans au physique comme au moral, tel nous l'avons connu à soixante et soixante-douze ans, toujours doué du même assemblage de qualités sérieuses et conservant, dans le caractère comme dans le cerveau, cette perfection, cette grâce et cette chaleur que les années avaient à peine entamées.

L'année 1848 faillit tout emporter et la Compagnie des agents de change eut beaucoup de mal à s'en tirer. Ce n'était pas peu de chose à cette époque, pour un chef de maison comme pour ses subordonnés, que de rester à son poste à Paris, de ne pas chercher à échapper à la terrible responsabilité que vous imposait une caisse encombrée de dépôts précieux, alors que l'émeute grondait autour de vous, alors qu'on déclarait que « la propriété, c'est le vol », et quand le choléra venait s'ajouter à tant de sinistres circonstances! Nous la retrouverons cette fermeté et cette vigilance du vaillant serviteur en 1870 et en 1871, pendant le siége de Paris et pendant la Commune. Comme il me rappelle bien le personnage du poëte :

. . . .
Impavidum ferient ruinæ !

Aussi bien, en 1852, M. Delaville Le Roulx, après vingt-quatre ans d'exercice, transmettait sa charge à son fils aîné, troisième titulaire du même nom et quatrième de la même famille, depuis le 3 octobre 1802, soit un demi-siècle. Le nouveau titulaire venait à peine d'atteindre l'âge réglementaire, et c'eût été aborder trop tôt peut-être une carrière fatigante et délicate, si le meilleur Mentor n'eût été là, je veux dire Monbinne, fidèle gardien des traditions d'une maison devenue sienne par l'affection et le dévouement sans mesure qui l'y rattachaient. Quelle bonne fortune, Messieurs, que de pouvoir transmettre et entretenir une tradition dans ce siècle où tout est si fragile et si éphémère! Ceux d'entre nous qui peuvent reporter leurs souvenirs à cette époque doivent comprendre et apprécier comme moi ce bienfait. N'ai-je pas dû personnellement à ce respect de la tradition l'honneur et l'avantage de succéder, en 1858, à M. Delaville Le Roulx fils, qui se retirait d'une façon si prématurée et si déplorée de toutes parts? Je ne l'attendais pas cet honneur, et j'étais loin de réunir toutes les conditions qui pouvaient me faciliter l'accès du premier rang. On ne pouvait me donner une plus haute et plus avantageuse marque de confiance, mais j'hésitais beaucoup, je mesurais par expérience le poids du fardeau, de la responsabilité. Je voyais peut-être trop les mauvaises chances et je me trouvais insuffisant. Dieu merci pour moi, le fidèle Monbinne était encore là, et je n'eus pas à le prier longtemps de me prêter assistance. Et cependant il était fatigué, il aspirait à un repos bien gagné, à la liberté de revenir à ses chères Muses. Mais ses anciens patrons et amis restaient avec moi, devait-il faire autrement? Pour lui, plus d'hésitation, et durant douze années encore, je jouis de l'inappréciable concours de cet incomparable serviteur.

La plupart d'entre vous ont été ses collaborateurs et ne sauraient oublier cette période si mouvementée où nous avons vu la guerre d'Italie, la campagne du Mexique, le conflit de l'Allemagne et de l'Autriche, Sadowa, et enfin les désastreuses années 1870 et 1871.

Aucune profession fut-elle plus troublée que la nôtre? Le plus grand nombre d'entre nous a victorieusement résisté à tant de secousses ; mais trop heureux ceux qui gardaient près d'eux des auxiliaires tels que Monbinne, l'homme sans peur et sans reproche, invariablement attachés à leur besogne et conservant dans l'accomplissement de leurs difficiles devoirs cette précision et cette sérénité qui manque à tant d'autres ! Gardez-vous surtout de croire qu'il restât insensible à de telles catastrophes ; il avait au contraire, un ardent patriotisme et je ne pense pas que personne ait été plus accablé que lui des revers que la fortune nous réservait. Je le vois encore pendant le siége maudissant son âge et la menace d'une grave infirmité qui l'empêchaient de prendre sa part active de la défense de Paris ; je le vois me soumettant toutes sortes de plans et de combinaisons tant contre l'assaillant que pour l'assiégé. Et pendant cette sinistre Commune, alors que nos familles retenaient la plupart d'entre nous loin de Paris, qui donc vint bravement s'offrir pour garder nos caisses et nos dépôts, pour maintenir autour d'eux les quelques employés qui n'avaient pu s'éloigner ? Lui, toujours lui, le fidèle et courageux Monbinne.

Et cependant il avait pris sa retraite définitive en 1869, à l'âge de soixante-six ans, comptant bien que la Providence lui réservait encore assez d'années pour jouir des loisirs après lesquels il soupirait depuis si longtemps et de la modeste aisance qu'il avait pris soin de se ménager. Sa famille se réduisait à son frère aîné, plus que septuagénaire et atteint d'une grave paralysie. Mme Monbinne mère s'était doucement, éteinte en 1864, âgée de quatre-vingt-quatre ans. Elle mourut dans les bras de son fils Théodore, qui ne la quittait plus depuis de longues années. C'est la plus grande douleur qu'il eût éprouvée dans sa vie ; il ne s'en remit pas, car longtemps après je l'ai trouvé aussi frappé, aussi inconsolable qu'au lendemain de son deuil. Avec ce besoin de dévouement qui le caractérisait, il reporta toute sa tendresse et ses soins les plus assidus sur son frère aîné, et rien n'était plus touchant que de voir celui-ci soutenu, protégé, choyé, couvé pour ainsi dire par son cadet avec une sollicitude presque filiale. Quoique libre, il ne voulait pas s'en éloigner un instant ; il partagea désormais sa vie entre ce cher paralytique et ses Muses non moins chères et si longtemps délaissées. Bien qu'il se plaignît quelquefois de désordres organiques, rien n'annonçait qu'il dût partir le premier, et cependant c'était la volonté de la Providence. Aussi, Messieurs, quelle stupeur pour nous tous, mais surtout quelle profonde douleur quand nous apprîmes la funèbre nouvelle ! Quant au frère survivant, rien ne saurait vous peindre l'état de ce malheureux paralytique, cloué dans son fauteuil par ses infirmités et possédé dans cet affreux moment par un de ces cauchemars où nous ne pouvons ni crier, ni implorer, ni agir ! Quelques larmes seules et des sons inarticulés trahissaient sa douleur. Quelle vie que la sienne, désormais ! Pylade a disparu, et nul ne saurait le remplacer ; l'hommage même que nous rendons ici à ses mérites incomparables ne saurait masquer un instant pour le survivant le vide qui règne autour de lui depuis cette funèbre date du 21 mars 1876. Cependant, Messieurs, il n'aura pas disparu tout entier, et vous allez voir par quel chef-d'œuvre de délicatesse et de probité Monbinne survivra pour nous et pour tant d'autres qui ne l'ont pas connu.

Dans la crainte que la gestion de sa caisse depuis 1852 ne fît surgir un jour quelque cas de grave responsabilité et de gros préjudice pour nous, par suite d'erreur ou par quelque autre cause venant de son fait, il voulut qu'une partie de sa modeste fortune restât entre les mains de ses deux derniers patrons, comme un cautionnement, comme une garantie de ces risques, tout le temps qu'ils jugeraient convenable ; que si ce cautionnement n'était ni entamé, ni absorbé, il désirait qu'il fût employé par nous en actes de bienfaisance dont il nous laissait le choix.

Quel commentaire ajouter à un tel acte ! Ne résume-t-il pas admirablement, en la couronnant, cette modeste et noble existence, et, dans une époque où l'on entend trop souvent nier la probité, la vertu, l'honneur même, parce qu'il se rencontre des défaillances, cette disposition du vieux caissier n'est-elle pas la plus irrésistible réfutation du doute qu'on voudrait accréditer? Monbinne répond et proteste au nom de cette légion d'honnêtes et vigilants coopérateurs entre les mains de qui nous savons bien que notre fortune et celle du public sont à l'abri de toute atteinte.

Il est, pour moi, le héros de cette phalange des plus honnêtes gens, et je le dis bien haut.

Aussi, ses patrons avaient-ils à cœur de faire contribuer le plus tôt possible ce qu'il appelait son cautionnement à la création d'œuvres utiles qui perpétueraient son nom en honorant sa mémoire. Nous n'avons pas l'habitude de laisser porter à nos honnêtes collaborateurs la responsabilité des fautes ou des erreurs qu'ils ont pu commettre involontairement, et si, par impossible, il en surgissait dans l'avenir du fait de Monbinne, c'est à nous personnellement et à nos associés qu'il appartient d'en répondre.

Nous nous sommes inspirés des sentiments et des goûts de notre ami. En dehors de ses devoirs professionnels, et surtout depuis sa retraite, il adorait les arts, il s'y intéressait vivement et les cultivait depuis son enfance, non sans talent. Il a écrit beaucoup de vers, il a composé de la musique; il a même fait un opéra comique, paroles et musique!... Son rêve eût été de le voir représenter; il n'en désespérait pas. Mais il en eût désespéré plus tard, s'il avait vu fermer, faute d'exploitation possible, le théâtre de Boïeldieu. Il suivait donc avec beaucoup de sollicitude tout ce qui se rattachait à l'art musical et aux artistes musiciens, alimentant de temps à autre sa flamme au théâtre, au Conservatoire de musique, ou dans quelques salons, surtout celui de Rossini, où j'avais eu le bonheur de l'introduire.

Il nous a donc semblé qu'en nous occupant principalement des artistes, des hommes de lettres et des compositeurs, nous suivions une voie que nous traçaient ses sympathies et sa secrète vocation, dont je fus souvent le confident. Avec le concours de M. le baron Taylor, de l'Académie française, et de l'Académie des beaux-arts, qui ont bien voulu seconder nos vues, nous avons réussi à créer, en mémoire et sous le nom de Théodore Monbinne, diverses fondations qui seront, nous n'en doutons pas, accueillies avec reconnaissance par ceux qui seront appelés à en bénéficier (1).

Les intérêts de notre profession, mieux rémunérée et plus lucrative que d'autres, provoquaient, moins que ceux des carrières libérales, un acte de munificence. Néanmoins nous ne devions pas oublier la Société des Garçons de recette de la ville de Paris, et nous avons voulu que, dans ce centre de labeur et de probité, la mémoire de

---

(1) A l'Académie française, prix biennal, de 3,000 francs, soit pour récompenser des actes de probité, soit pour venir en aide à des infortunes dignes d'intérêt, notamment parmi les personnes ayant suivi la carrière des lettres ou de l'enseignement ;

A l'Académie des beaux-arts, prix biennal de 3,000 francs, à décerner, soit à l'auteur de la musique d'un opéra comique représenté dans les deux précédentes années, soit à une composition musicale envoyée par un pensionnaire de Rome dans les quatre années précédentes, soit à une composition symphonique avec ou sans paroles, soit à une cantate, un oratorio, soit à une composition religieuse. Les auteurs des livrets ou des paroles pourront être admis à participer à cette récompense ;

A la Société des Artistes musiciens, une rente annuelle de 250 fr.;

A la Société des Garçons de recette de la ville de Paris, une rente annuelle de 250 francs.

Monbinne fût convenablement marquée. Cette Association grâce à l'intervention de son honorable Vice-Président, nous a rendu la tâche facile ; de plus, elle a accepté de se charger dans l'avenir de l'entretien de cette modeste tombe.

Il me reste à remercier l'artiste très-distingué (1) au talent de qui j'aurai deux fois fait appel, à quinze ans de distance et dans des circonstances bien douloureusement identiques, pour fixer sur l'airain les traits de deux excellents collaborateurs, Alfred Bacot, moissonné si jeune, et Monbinne, que nous espérions conserver longtemps encore. Nos indications verbales et un très-ancien portrait, voilà sur quoi le statuaire a travaillé. S'il avait quelque peu connu son modèle, combien sa tâche eût été moins ingrate !

Et maintenant, mes amis, nous allons retourner à nos travaux ; mais sachons revenir quelquefois devant cette image et cette tombe, pour y méditer sur une existence si exemplaire d'un bout à l'autre et sur les enseignements précieux qu'elle nous offre à tous ; car elle nous apprend ce que c'est que la vraie patience et la soumission sans bassesse, l'application au devoir et au travail, la probité la plus exquise, la fidélité et la loyauté inébranlables dans le dévouement et l'affection. Nous ne saurions atteindre à une telle perfection, mais quelle bonne chance pour nous si, après en avoir joui dans sa personne, nous avons su nous en approprier quelques éléments !

Pour moi, Messieurs, c'était un besoin impérieux et c'est une grande joie de lui payer ma part de reconnaissance, non pour m'acquitter, mais pour le remercier de ce que je lui dois et vous démontrer, en vous exposant

(1) M. Delaplanche.

cette carrière si droite et si parfaite, que dans son genre et dans sa sphère, Monbinne est, à mon sens, un de ces héros tels que la religion et la charité nous en révèlent dans les rangs les plus obscurs de la foule, car il s'est absolument conformé à cette parole d'un grand orateur chrétien : « Le bien ne fait pas de bruit, et le bruit ne fait pas de bien. » Comme ces peuples heureux dont parle Montesquieu, il n'a pas d'histoire, mais il a déjà presque sa bonne légende ; et pour nous, survivants et reconnaissants, sa mémoire et son nom doivent rester à jamais bénis et rayonner sur nos travaux comme un génie familier et bienfaisant.

E. L.

IMPRIMERIE CENTRALE DES CHEMINS DE FER. — A. CHAIX ET Cie,
RUE BERGÈRE, 20, A PARIS. — 11692-6.

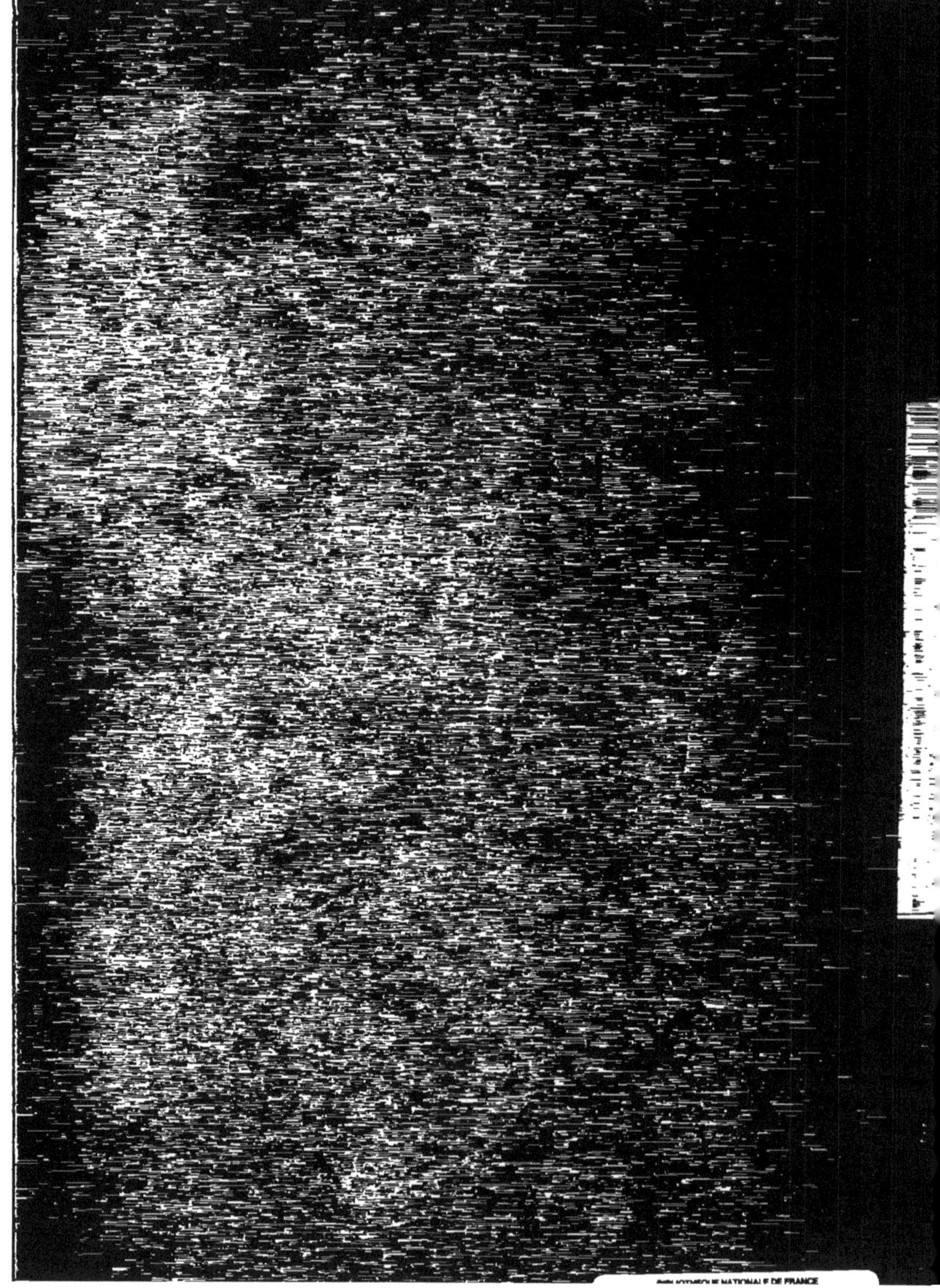

www.ingramcontent.com/pod-product-compliance
Ingram Content Group UK Ltd.
Pitfield, Milton Keynes, MK11 3LW, UK
UKHW020408250726
13967UKWH00006B/2535